Kosovo

Reiseführer

Der perfekte Reiseführer für einen unvergesslichen Aufenthalt im Kosovo - inkl. Insider-Tipps

Sebastian Langenberg

✈ INHALT

Das erwartet Sie in diesem Buch

Der Nationalstaat Kosovo ist der jüngste Staat Europas und als Reiseziel wenig in Diskussion. Eben deswegen ist es eine Reise in das Land mit einer zeitgemäßen Infrastruktur, Gastfreundlichkeit und einer seltenen allgegenwärtigen Ursprünglichkeit eine Reise wert.

Das Land hat eine sehr turbulente Geschichte und verarbeitet die Ereignisse immer noch. Man trifft auf beeindruckende und überwältigende Kulturdenkmäler, orientalische Städte voller Vitalität. Sie durchqueren abgelegene und beeindruckende Gebiete, passieren Täler, Berglandschaften, Wasserfälle und Höhlen. Überall präsent: das zuvorkommende Volk der Kosovaren.

All dies macht den einzigartigen Charme des Kosovos aus, das Land wird garantiert einen bleibenden Eindruck bei Ihnen hinterlassen. Das Land ist ein faszinierendes und interessantes Ereignis, aber ein absolut sicheres Reiseziel.

Der Kosovo-Reiseführer ist ein zuverlässiger Reisebegleiter zu Europas neuestem und unbekanntestem Geheimnis.

Geschichtlicher Überblick

Die Geschichte des Kosovos reicht zurück bis in die Antike. Das Land, das erst 2008 seine Unabhängigkeit erklärte, war einst von dem illyrischen Stamm der Dardaner besiedelt. Die Dardaner galten als tapfere Krieger und wurden sogar in Homers Epos Ilias als Verbündete der Trojaner im Kampf gegen die Achäer erwähnt. Das Land erstreckte sich in der Antike vom heutigen Kosovo bis über Nis und Skopje. Die an Bodenschätzen reiche Region galt als wichtigster Exporteur von Silber.

Nachdem die Region im 2. Jahrhundert v. Chr. von den Römern erobert wurde, bildete Kaiser Diokletian im 3. Jh. n. Chr. die römische Provinz Dardania und die römische Stadt Ulpiana, in der Nähe der heutigen Stadt Lipjan. Trotz slawischer Überfälle wurde die Region bis zum 11. Jh. n. Chr. von den byzantinischen Kaisern regiert. In dieser Zeit wurden die Dardaner auch zum ersten Mal von einem römischen Kaiser als Albaner bezeichnet. Anfang des 13. Jh. erlangten die Serben überhand über die Albaner und Kosovo wurde somit ein Teil des serbischen Königreichs.

Im Jahr 1389 drangen die Osmanen in das Gebiet ein. Um die Osmanen wieder zu vertreiben, kam es zu einer Allianz zwischen den verfeindeten Albanern und Serben. Trotz der Niederlage gegen die Osmanen in der bedeutenden Schlacht auf dem Amselfeld wird diese Schlacht auch heute noch von den Serben als Sieg gefeiert und Kosovo somit als rechtmäßiger Teil von Serbien angesehen. Nach der Schlacht stand das Kosovo unter osmanischer Herrschaft und im Jahre 1877 wurde es zur eigenständigen Verwaltungseinheit des Osmanischen Reiches ernannt. Nach dem Zerfall des Osmanischen Reiches im ersten Balkankrieg im Jahre 1912 entstanden auf dem Balkan neue territoriale

Ansprüche. Die serbische Regierung versuchte, ihr Territorium nach Süden auszudehnen, was wiederum die Albaner dazu veranlasste, am 28. November 1912 durch die Vereinigung einer albanischen politischen Elite die Unabhängigkeit des albanischen Staates auszurufen.

Darin beteiligt waren auch Albaner aus dem Kosovo. Ziel war es, alle albanischen Siedlungsgebiete zu einem Nationalstaat zu vereinen. Diese albanische Vereinigung verhinderte jedoch die serbische Regierung durch den Einmarsch serbischer Soldaten in das Kosovo. Das Kosovo blieb somit trotz großer Bemühung unter serbischem Regime.

Im 1. Weltkrieg versuchte Österreich-Ungarn, die Ausdehnung Serbiens einzugrenzen, verhinderte durch den Einmarsch der österreichischen Soldaten eine komplette Übernahme des Kosovos und verwehrte den Serben damit auch den erhofften Zugang zur Adria. Die österreichische-ungarische Besatzungsmacht übergab die Verwaltung des Kosovos den Kosovo-Albanern. In dieser Zeit wurden mehrere Grundschulen im Kosovo gebaut, in denen zum ersten Mal der Unterricht in albanischer Sprache erteilt wurde. Nach Beendigung des 1. Weltkrieges im Jahre 1918 kam es zum Abzug der österreichischen Truppen aus dem Kosovo. Die Serben übten daraufhin Rache an den Albanern, weil diese sich mit dem Feind zusammengeschlossen hatten. Dies führte zur Formierung einer Widerstandsbewegung der Kosovo-Albaner gegen die einrückenden Serben und damit auch zur Wiederaufnahme der Bemühung eines Anschlusses an Albanien.

Im Jahre 1919 versuchte sich der Anführer der Widerstandsbewegung Hasan Priština, in der Friedenskonferenz in Paris für die Verbindung von Albanien und Kosovo auszusprechen – wurde jedoch zu keinerlei Sitzung zugelassen und somit wurde sein Anliegen ignoriert. In den Jahren danach kam es immer wieder zu Aufständen der Kosovo-Albaner gegen die serbische Herrschaft. Dies führte zur Vertreibung von zehntausenden Kosovo-Albanern nach Albanien.

Im Zweiten Weltkrieg stand Kosovo im Jahre 1943 unter deutscher Besatzung. In dieser Zeit profitierte Kosovo von der deutschen Besatzung und der Gewährung von Selbstverwaltungsrechten. Dies trug dazu bei, dass Albaner im Jahre 1944 mit der Wehrmacht kollaborierten und eine albanisch-kosovarische SS-Division („Skanderbeg") formiert wurde. Trotz Solidarität zu den Deutschen wurden viele Juden von albanischen

Bürgern in ihren Häusern vor den deutschen Soldaten und der SS-Division versteckt.

Im Oktober 1944 wurden die deutschen Truppen aus dem Kosovo abgezogen und nach Absprache zwischen dem Präsidenten Tito und dem Diktator der Volksrepublik Albanien Enver Hoxha nach Jugoslawien gesandt. Tito gestand ihnen mehr Autonomie zu und verbesserte dadurch die Situation im Staat Kosovo. Er etablierte Kosovo im Jahre 1974 als autonome Provinz.

Im Jahre 1986 verschlechterte sich die Lage wieder mit der Machtübernahme Slobodan Miloševićs. Es folgten schwere Unruhen. Die Schulen bekamen nur noch serbische Lehrpläne und die Universität in Pristina wurde von der serbischen Regierung geschlossen. Viele Kosovo-albanische Bedienstete, die nicht kooperieren wollten, wurden entlassen. Zudem wurden mehrere Tausend serbische Polizisten zur Überwachung aufgestellt. Dieses Vorgehen im Kosovo führte dazu, dass schließlich auch Kroatien, Slowenien und Bosnien anfingen, sich von Jugoslawien loszureißen.

Im Kosovo verschärfte sich währenddessen die Lage immer weiter. Es kam zu mehreren Demonstrationen und zur Gründung der Rebellenorganisation

UÇK. Am 7. März 1998 wurden der UÇK-Anführer A-
dem Jashari und 26 seiner Familienmitglieder gezielt
durch die serbische Sonderpolizei MUP getötet. Die
Lage eskalierte schließlich und zunehmend mehrere
Albaner schlossen sich der UÇK an. Als die Kosovo-
Albaner systematisch von den Serben vertrieben wurden und Verhandlungen mit Milosevic erfolglos aus-
gingen, griff schließlich auch die NATO militärisch ein
und es kam zur Bombardierung Jugoslawiens durch die
NATO im März 1999, um die Angriffe auf Kosovo-Albaner endgültig zu beenden.

Wir schreiben das Jahr 2000 und Milošević musste
zurücktreten. Ein Jahr später wurde er wegen seiner
Kriegsverbrechen an Den Haag ausgeliefert und aufgrund des Missbrauchs von Menschenrechten ange-
klagt. Nachdem Jugoslawiens aufgelöst wurde und damit auch der erzwungene Rückzug aller serbischen
Soldaten aus dem Kosovo veranlasst wurde, wurde der
Kosovo am 17. Februar 2008 zur unabhängigen Republik erklärt.

Geografie Kosovos

D er Staat Kosovo liegt auf der Balkaninsel und gehört damit zu Südosteuropa. Albanien, Serbien, Mazedonien und Montenegro gehören zu den Nachbarstaaten des Kosovos. Die Fläche beträgt 10.877 Quadratkilometer, teilt sich in 5 % Stadtgebiet, 42 % Waldgebiet und 53 % zur ökologischen Landwirtschaft. Die 200 Quadratkilometer landwirtschaftliche Anbaufläche werden verwendet für den Anbau von Mais, Tabak, Weintrauben, Kartoffeln, Weizen und Gerste.

Geprägt wird der Freistaat Kosovo von zahlreichen Berglandschaften, die sich auf meist mehr als

2.000 Meter Höhe belaufen. Der Südwesten des Kosovos wird von der Ebene Metochien, der Nordosten von der Ebene Amselfeld eingenommen. Zwischen ihnen liegt die Bergkette der Carraleva. Das höchste Gebirge, das Prokletije-Gebirge, beläuft sich auf 2.656 Meter Höhe.

Der Weiße Drin, Bestandteil des Flusssystems, fließt gut 110 Kilometer durch den Kosovo. Der Ursprung des Weißen Drins liegt nahe der Stadt Peja und vereint sich in Albanien mit dem Schwarzen Drin. Der Gazivodasee ist der größte See im Staat. Der Radonjic- und der Gazivodasee gehören zu der Kategorie Stausee und stellen die Trinkwasserversorgung im Kosovo sicher. Durch die Bildung von Stauseen ist eine Vielzahl von Gewässern reichhaltig an Fischen geworden. Man findet Aale, Hechte, Schollen, Karpfen, Barben, Huchen ebenso wie Forellen.

Im Kosovo herrscht gemäßigtes kontinentales Ambiente, gleichbedeutend kühlen Wintern, in denen starker Schneefall, Frost und Temperaturen von -20 °C keine Besonderheit darstellen, und heißen Sommern mit Temperaturen von über 30 °C. In einigen Gebieten im Kosovo wurden noch seltene Tiere wie Auerhühner, Schildkröten, Luchse und Bären gesichtet. Exo-

tisches Gewächs wie Päonien, Edelweiß und Alpen-
veilchen sind abermals entdeckt worden. Außerdem
verfügt der Staat über viele Mineralquellen, Karstquel-
len und Gletscherseen.

Bevölkerung und Kultur

BEVÖLKERUNG

Der Staat Kosovo hat laut einer Volkszählung 2011 ungefähr 1,8 Millionen Einwohner verzeichnet. Bei der Geburtenrate lag das Ergebnis 2015 bei 2 Kindern pro Familie. Der Großteil der Bevölkerung war somit jünger als 29 Jahre alt. Damit ist die Bevölkerung im Kosovo die durchschnittlich jüngste in Europa. Bei den Frauen beträgt die Lebenserwartung 71 Jahre, bei den Männern 67 Jahre. Insgesamt 420.000 Kosovaren leben im Ausland, die meisten davon in Deutschland, der Schweiz und den Vereinigten Staaten. Die Bevölkerung im Kosovo besteht mehrheitlich aus Albanern. In den veröffentlichten Statistiken im Jahr 2000 sind 88 % Albaner, ungefähr 7 Prozent serbischer Herkunft und 5 % gehören zu ethnischen Gruppen, wie z. B. Türken, Roma und Bosnier.

Die Republik Kosovo ist ein neutraler säkularer Staat in Fragen religiöser Überzeugungen geworden. Es gibt politische Parteien mit religiösen Hintergründen, aber sie unterstützen säkulare Staatsstrukturen und erfüllen sehr selten die fünfprozentige Hürde, die bei Parlamentswahlen erforderlich ist. Politiker aus allen Lebensbereichen sprechen sich aus für religiöse Harmonie und betrachten dies als einen sehr guten Charakterzug der kosovarischen Gesellschaft.

Die Mitbürger sind ebenfalls sehr säkularisiert. Viele sind entspannt in Bezug auf Religion und haben eine pragmatische Beziehung dazu. Im Jahr 2010 beantworteten die Albaner im Kosovo die Fragestellung, ob Religion eine Präsenz in ihrem täglichen Leben hat, überwiegend mit Ja. Bei den Kosovo-Serben war der Prozentsatz mit rund 81 % etwas niedriger ausgefallen. An der Umfrage der Gallup Organization nahmen 1.000 Personen teil.

Der Islam ist von der Mehrheit der Einwohner im Staat vertreten. Es gibt auch serbisch-orthodoxe und römisch-katholische Minderheiten. Der Anteil der Atheisten ist gering. Traditionell gehören Albaner, Bosnier, Türken und Goranen dem muslimischen Glauben an. Die meisten sind Sunniten.

Das Verhältnis zwischen der muslimischen und der römisch-katholischen Gemeinschaft im Kosovo wird als gut angesehen, aber beide Gruppen haben wenig oder gar keine Beziehung zur serbisch-orthodoxen Kirche. **Die kosovarischen Albaner definieren ihre ethnische Zugehörigkeit nach Sprache und nicht nach Religion**, während in slawischen ethnischen Gruppen sowohl von bosnischen Muslimen als auch orthodoxen Serben Religion als Identitätsmerkmal angesehen wird.

Die Weltanschauung wird vom Großteil der Bevölkerung geteilt. Die in Bosnien und Herzegowina bekannten Tendenzen zum radikalisierten Islam waren bisher ein ziemlich beherrschbares Phänomen. Der Islamische Staat, kurz IS, richtet seine Rekrutierungsbemühungen jedoch direkt an die Muslime im Staat Kosovo. Die Bekämpfung des (religiösen) Extremismus ist zu einem wichtigen Bestandteil der kosovarischen Regierung geworden.

KULTUR

Das Land hat viele interessante Bauwerke, deren Entstehungszeit von der römischen Epoche über das Mittelalter bis in die Neuzeit reicht. Es gibt viele Moscheen, aber auch eine Vielzahl von Kirchen und Klöstern. Einige Monumente wurden sogar in die Liste des Weltkulturerbes aufgenommen: das Dečani-Kloster, das Gračanica, die Kirche der Jungfrau von Ljeviša und das Patriarchat in Peja.

Weitere besondere Monumente sind unter anderem die Ausgrabungsstätten der römischen Stadt: das Mehmet Pasha Hammam, Ulpiana bei Lipjan, das Haus der albanischen Liga in Prizren oder die Sultan Mehmet Fatih Moschee in Pristina.

Aber auch viele hochinteressante Museen hat das Land zu bieten, dazu zählen: das kosovarische Nationalmuseum in Pristina, das ethnografische Museum, das Museum der albanischen Liga in Prizren, das Archäologiemuseum in Prizren und das ethnologische Museum "Emin Gjiku" in Pristina. Letzteres liefert zudem einen besonderen Einblick in die traditionellen Lebensweisen im Kosovo, wie z. B. die Musikinstrumente, Waffen, traditionelle Gewänder und alltägliche

Gebrauchsgegenstände. Bekannte Schriftsteller im Kosovo sind Beqë Cufaj (derzeit: Botschafter der Republik Kosovo von Deutschland), Sabri Hamiti, Arif Demolli, Rifat Kukaj, Ali Podrimja, Anton Pashku und Azem Shkreli. Ein aufregendes Unterfangen ist "Concrete", ein Teil der Kultur, Gesellschaft und Literatur, der von Kosovo-Serben und Albanern veröffentlicht wurde und das Mandat hat, die Beziehungen zwischen Kultur- und Kulturpolitik und nationalistischen Ideologien infrage zu stellen.

Geprägt von der türkischen Küche ist die kosovarische. Fleisch (Rindfleisch, Geflügel, Lammfleisch; weniger Schweinefleisch, außer in der serbischen Bevölkerung) spielt eine wichtige Rolle in der täglichen Ernährung. Brot (z. B. Somun) wird auch zu fast allen Gerichten serviert. Käse (zum Beispiel Djathë Sharr – ein salziger Käse, der traditionell aus Schafs- und Kuhmilch aus den Šar Mountains hergestellt wird) wird ebenfalls regelmäßig konsumiert. Gurken, Tomaten, Paprika und Kohl werden häufig in kosovarischen Gerichten verwendet. Das Nationalgericht im Kosovo ist Flija Kosovare, ein mehrschichtiges Teiggericht, das mit Joghurt gefüllt ist und traditionell über einem offenen Feuer oder einem Holzofen gebacken wird.

Andere typische Gerichte sind z. B. Qebapa (auch: Ćevapčići, Lamm-Hackfleisch vom Holzkohlegrill), Pasul në tavë (Eintopf), Sarma (Kohlblätter gefüllt), Sucuk, Speca (Paprika). Die bekannteste Süßigkeit im Kosovo zeugt vom Handwerk und ist das Baklava. Andere Süßspeisen wären: Kačamak (Maismehlpudding), Tullumba (gebratener Teig, in Sirup getränkt) oder Pallaçinka (Pfannkuchen). Das Kosovo ist auch als eine Weinregion bekannt. Die Weinproduktion war lange Zeit nach einem Krieg inaktiv, aber in den letzten Jahren wurden im Kosovo ausgezeichnete Weine hergestellt.

Die Brauereien in Peja und Klina brauen ein leckeres Bier. Ein leichter Weinbrand (Rakija) ist bei sehr beliebt. Obwohl in vielen Straßencafés ein ausgezeichneter Cappuccino oder Macchiato serviert wird, ist die Kaffeezubereitung (Kafe turki) im allgemeinen Gebrauch immer noch weitverbreitet. Beliebt ist auch ein Malzgetränk namens Boza.

Historische Stätten im Kosovo

Besucher-Rezension vom Patriarchat of Pec: „Das Kloster ist das spirituelle Zentrum der serbisch-orthodoxen Kirche und hat dementsprechend einen schweren Stand im überwiegend albanisch geprägten Kosovo. Es wird von kilometerlangen Mauern geschützt, man muss vor dem Betreten seinen Ausweis abgeben – und dann noch eine lange Demarkationszone durchschreiten, ehe man das Kloster erreicht. Das Kloster selbst ist dann landschaftlich sehr reizvoll eingebettet in den Ausfluss der Rugova-

Schlucht und erinnert äußerlich stark an die berühmten Athos Klöster (neuerdings erstrahlt es für den Besucher in leuchtender roter Farbe). Mit dem Eintrittspreis erhält man einen lohnenden Audioführer, der einem einen geschichtlichen und kunsthistorischen Überblick über das Kloster vermittelt. Interessant ist vor allem, dass das Kloster aus einem Komplex aus in unterschiedlichen Jahrhunderten gewachsenen Schiffen und Kapellen besteht.

Auch die Tatsache, dass gerade den am meisten verehrten Heiligen die Augen entfernt wurden, ist höchst befremdlich (angeblich wurden sie von Gläubigen abgekratzt, um von ihrer Heilkraft zu profitieren). Der Klosterladen ist gut sortiert und führt neben den üblichen Devotionalien auch hauseigene Lebensmittel und Spirituosen."

Besucher-Rezension vom Zvečan Fortress: „Der Blick von der Festung Bleihütte Zvečan ist atemberaubend. Sie können das gesamte Tal von der Spitze des Hügels und in der Festung Ruinen sehen. Es ist eine der ältesten Burgen in Südosteuropa. Es ist nicht klar, wann die Festung gebaut wurde, aber sie ist über 1.000 Jahre alt. Aktuellen Capitol Verbesserungen haben uns viel leichter zu erreichen die Festung von the bottom of the Hill. Es ist ein gutes Stück bis zum top, aber die meisten Leute werden es nicht wirklich ein Problem."

Besucher-Rezension von der Jungfrau von Ljeviša: „Die Muttergottes-Kirche Ljeviša wurde im Bürgerkrieg innen beschädigt, auf der Außenmauer ist Stacheldraht gespannt und sie ist nicht zugänglich. Von einem Mönch im Kloster erfahre ich später, dass man den Schlüssel im Rektorat der orthodoxen Universität bekommen kann. Die Kirche steht auf der UNESCO-Liste der gefährdeten Weltkulturerbestätten."

Besucher-Rezension von der Sinan-Pasha-Moschee: „Ich, als Frau und Nichtmuslime durfte in diese Moschee. Das erste Mal, dass ich an so einem Ort war und ich bin sehr beeindruckt."

Besucher-Rezension von der Sultan-Murad-Türbe: „Wer Pristina besucht, sollte die Ruhestätte des Sultan Murad II. aufsuchen. Die Osmanen haben durch ihre Jahrhunderte anhaltende Anwesenheit diese Region stark geprägt. Sultan Murad II. hat hier große Siege errungen." Außerdem „Eine historisch interessante Stätte, die aber leider die Informationen nur auf Türkisch und Kosovarisch bereithält."

Priština

Priština ist der Regierungssitz im ökonomischen und kulturellen Zentrum des Kosovos. Im 14. und 15. Jahrhundert, in der Zeit der osmanischen Regierung, erlebte das Stadtgebiet seine Blüte. Mit mehr als 144.000 Einwohnern ist sie darüber hinaus die größte Stadt im politischen Zentrum der Nation. Im Zentrum des Amselfeldes befindlich ist Priština ein Mittelpunkt sowie ein wirtschaftliches und zivilisiertes Zentrum. In dem größten Stadtgebiet des Kosovo, umgeben von historischen Gebäuden und einem entspannten Ambiente, kann jeder etwas für sich entdecken.

HOTELS IN PRIŠTINA

Eine Übernachtung in einem durchschnittlichen Pristina-Hotel kostet 44 € pro Nacht. Sie wünschen es luxuriöser? 5-Sterne-Hotels in Pristina kosten durchschnittlich 66 € pro Nacht. Suchen sie ein familienfreundliches Hotel in Priština? Dann empfiehlt sich das Hotel Ambassador und das Star Hill Hotel.

• Das Hotel Ambassador verfügt über kostenloses WLAN, kostenfreie Privatparkplätze, Fitnessbereich, Sauna, Whirlpool, Restaurant, Bar und einen Flughafentransfer.

Die Zimmer haben mit einer Klimaanlage, Minibar, TV, eigenem Badezimmer, kostenlosen Pflegeprodukte und einen Zimmerservice.

Kundenbewertung für das Hotel Ambassador: „Das Hotel kann uneingeschränkt empfohlen werden: große und saubere Zimmer mit gut funktionierender Klimaanlage (wir hatten 42 °C Außentemperatur), sehr bequemen Betten und einem sehr freundlichen und hilfsbereiten Personal, das gut Englisch spricht. Das Frühstücksbuffet lässt keine Wünsche offen (Müsli, warme Speisen, süße und deftige Speisen, Milchprodukte, frisches Obst ...) und ist im 5. Stock, von wo aus man einen tollen Blick über Pristina genießt." Außerdem „Das Zimmer war sehr sauber. Das Frühstück war einfach, aber völlig ausreichend. Das Hotel liegt sehr nahe zum Zentrum (5 Minuten bis zur Nena-Tereze-Str.), aber trotzdem sehr ruhig. Das Stadtviertel scheint sehr sicher auch in der Nacht. Das Personal war sehr freundlich und hilfsbereit."

• Das Hotel Gracanica verfügt über kostenloses WLAN, kostenfreie Privatparkplätze, Bar, Restaurant, Fitnesscenter, Außenpool, Flughafentransfer.

Die Zimmer sind unter anderem ausgestattet mit Klimaanlagen, Heizung, Frühstück im Zimmer, TV mit Satellitenempfang.

Kundenbewertung für das Hotel Gracanica: „Diesmal war ja eine einheimische Bekannte Gast in diesem eleganten Ökohotel und sie möchte gern bald wieder hierher kommen." Außerdem „Wunderschöne Aussicht, leckeres, ehrliches Essen, freundliches Personal."

• Das Hotel Star Hill Hotel verfügt über kostenloses WLAN, kostenfreie Privatparkplätze, Bar, Restaurant und ein Café in der Unterkunft, Kinderfernsehsender,

Outdoorspielgeräte für Kinder, Flughafentransfer. Die Zimmer sind unter anderem ausgestattet mit Klimaanlagen, Heizung, Frühstück im Zimmer, TV mit Satellitenempfang.

Kundenbewertung für das Hotel Star Hill: „Wir haben uns hier sehr wohlgefühlt. Mitten im Zentrum gelegen, sehr zentral, freundlicher Empfang, jeder Wunsch wurde erfüllt, toller Einsatz des Personals, ein Service, wie man ihn in Europa lange suchen muss. Parkplatz direkt vor dem Haus, schöne Lobby mit viel Platz für Gespräche und eine Bar mit Zigarrenzimmer. Auch das ist nur selten zu finden. Die Zimmer sind perfekt, luxuriös, gute Betten, angenehmer Sanitärbereich, und man hat nicht den Eindruck, in einer x-beliebigen Hotelkette unterzukommen – sondern in einem Hotel mit Charme und Charakter." Außerdem „Äußerst zuvorkommendes Personal.

Schöne neue Zimmer. Wellnessbereich für spirituelle Erfrischung und mehr …"

Oder doch lieber ein romantisches Hotel? Dann empfehlen sich das Pinocchio und Hotel Diamond

• Das Hotel Pinocchio verfügt über kostenloses

WLAN, kostenfreie Parkplätze, Fitnessbereich, Spa & Wellnessbereich, Paarmassagen, Restaurant und einem exklusiven Weinservice. Die Zimmer sind ausgestattet mit einem Zimmerservice.

Kundenbewertung für das Hotel Pinocchio: „Wunderschöne Zimmer mit allen Annehmlichkeiten, sehr schöne Bäder. Gutes, preiswertes Restaurant mit guter Auswahl. Das Personal ist sehr freundlich, hilfsbereit und bemüht. Die Lage ist auch recht gut, in der Nähe des Zentrums, aber ruhiger. Sehr nett, haben uns wohlgefühlt." Außerdem „Gute Lage über der Stadt, freundlicher Empfang und ein großes komfortables Zimmer. Der Blick vom Balkon geht über die ganze Stadt und einen Pool gibt es auch!"

• Das Hotel Swiss Diamond verfügt über kostenloses WLAN, kostenfreie Parkplätze, Restaurant, Bar, Terrasse und einen Flughafentransfer.

Die Zimmer sind unter anderem ausgestattet mit einem Kamin, Minibar, Klimaanlage, Flachbild-TV und einem Zimmerservice.

Kundenbewertung für das Swiss Diamond: „Außergewöhnlich! Sauberkeit 1 A, Frühstück superlecker, Zimmer qualitativ gehobene Ausstattung, Service und

Personal superaufmerksam und freundlich! Und der Spa, ein Traum! Es hat meine Erwartungen um einiges übertroffen und ich werde definitiv wiederkommen!"

RESTAURANTS UND CAFÉS

Prince Coffee House in Priština

Kundenbewertungen für das Prince Coffee House in Priština: „Dieses Kaffeehaus im Zentrum besticht durch freundliche Kellner, sehr gute Drinks, tolle Snacks und einen exzellenten Kaffee! Und die Kellner sprechen Englisch!" Außerdem „Sie haben Geschäfte zumindest in Peja und Priština. Ich denke nicht, dass es der beste Kaffee ist, den man sogar in der Stadt finden kann, aber für jeden Außenseiter ist es sowieso großartig. Sie haben Espresso, Macchiato, Cappuccino und andere Arten, die Sie erraten können, plus ein paar nette Kuchen und Smoothies. Die Atmosphäre ist gut, direkt im Stadtzentrum, in der Regel sehr voll. Es ist ein guter Ort für einen Kaffee und einem zuckerhaltigen Leckerbissen an einem faulen Sonntag. Kaffee im Kosovo ist großartig, also kann man das dort natürlich erwarten."

Meridian Kitchen in Priština

Kundenbewertungen für das Meridian Kitchen: „Dies war ein Ort, an dem wir als Familie ein köstliches Abendessen, gesundes Essen und sicher gegessen haben. Die Produkte waren erstklassig, sehr guter Service. Am nächsten Morgen hatte ich ein superleckeres Frühstück und werde es jedes Mal besuchen, wenn ich zurück nach Priština reise. Meridian Kitchen war das Beste von unserem Besuch in Bezug auf Geschmack, Qualität, Lebensmittelsicherheit und Hygiene. Gut gemacht."

Vela Fish Restaurant

Kundenbewertungen für das Vela Fish Restaurant: „Uns wurde dieses Restaurant empfohlen, es liegt in einem Wohngebiet, es gibt aber Parkplätze und man kommt mit dem Auto gut hin. Tolle Auswahl an Gerichten, frische Fische in der Auslage auf Eis, italienisch-mediterraner Einschlag, Pasta mit Vielerlei u. a. Garnelen und Miesmuscheln, es gibt Carpaccio köstlich zubereitet und toll angerichtet, außerdem Meeresfrüchte frisch, Krebs und Hummer, es fehlt wirklich nichts, mit toller Weinkarte und fairen Preisen unbedingt empfehlenswert." Außerdem „Der Service war perfekt. Das ganze Personal war sehr nett und lächelnd. Die Fische waren frisch und gut zubereitet. Die Suppe und die Nudeln mit Garnelen haben mir sehr gut gefallen. Die Preise waren normal und angemessen."

Liburnia Restaurant

Kundenbewertungen für das Liburnia Restaurant: „Hier wird man wirklich verwöhnt, Platz, Dekor, Service und das Essen sind einfach unschlagbar in Priština. Das Restaurant liegt etwas außerhalb, mit eigenem Parkplatz. Innen- und Außenplätze, eine gute Karte, eine prima Auswahl, zu den Vorspeisen wird selbst gebackenes, frisches Brot warm serviert, eingelegte Paprika und Salate ohne Ende, damit sollte man anfangen. Fisch und Fleisch sind köstlich, besonders das gesottene Lammfleisch hat es in sich, mit Herz und Innereien, wenn man das mag, für Dessert ist eigentlich kein Platz, sollte man sich aber nicht entgehen lassen. Preis-Leistung ist sehr gut, toller Service, es fehlt an nichts, sehr sauber und gepflegt. Gern wieder." Außerdem „Wir haben dieses Restaurant als Tipp auf TripAdvisor gefunden. Das Lokal ist sehr urig und rustikal. Die Kellner sind sehr aufmerksam und freundlich. Das Essen ist sehr, sehr lecker. Absolute Weiterempfehlung."

BARS

Bamboo Bar

Kundenbewertungen der Bamboo Bar: „Es ist auf jeden Fall eine Bar ... groß und offen, älter, nichts Besonderes. Das älteste Hotel in der Stadt mehr als 13 Jahre ... perfekter Service und immer ein fröhliches Personal ... auf jeden Fall der erste Ort, wenn Sie in Priština ankommen, sollten Sie mal ... genießen Sie es."

Filikaqa

Kundenbewertung   für die Bar Filikaqa: „Unglaubliche Burger! Sie können von blauem Käse bis zu Mexikanisch wählen ... aber egal, was man bestellt, man wird nicht enttäuscht sein!"

Duplex Club Pristina

Kundenbewertungen für den Duplex Club: „Bester Club aller Zeiten. Schöne Leute. Die Musik war großartig. Alkohol war unglaublich. fantastischer Ort für die Menschen, die gern trinken und tanzen." Außerdem „Unglaublich schöner Ort mit tollen Gästen. Ein Teil unserer Welt!"

Zone Club

Kundenbewertungen für den Zone Club: „Bitte besuchen Sie diesen Club. Super albanische und englische Musik und großartige Sänger und DJs. Sie können mit einem Besuch in Zone Club nichts falsch machen." Außerdem „Tolle Party, tolle Atmosphäre, tolle Musik! Wenn Sie nach Priština kommen: sehr empfehlenswert. Im Sommer, vor allem im August ist jeden Abend geöffnet."

Die Bamboo Bar im Zentrum, der Zone Club, das Duplex und das Filikaqa überzeugt mit Qualität und Service.

SEHENSWÜRDIGKEITEN DER STADT

Wer Priština aufsuchen möchte, sollte sich bewusst sein, dass viele antike und beeindruckende Bauwerke unter der jugoslawischen Staatsmacht verschwunden sind. Während des Kosovo-Kriegs wurde alles, was noch stand, vollends zerstört. Im Gegensatz zu Prizren fehlt der Hauptstadt des Kosovos deshalb der charakteristische Charme. Trotz alldem stehen in Priština noch einige antike Sehenswürdigkeiten, die aus der osmanischen Zeit erhalten geblieben sind.

Skanderbeg-Denkmal
In Priština steht zum Gedenken des Nationalhelden Gjergj Kastrioti, der um das 15. Jahrhundert die Türken besiegte und das albanische Gebiet zurückgewann, das Skanderbeg-Denkmal.

Naturkundemuseum
In Priština steht das typisch orientalisch gebaute Naturkundemuseum. Die Ausstellung zeigt die Flora und Fauna des Kosovo.

Nationalbibliothek
Die Nationalbibliothek in Priština zeigt im Inneren über 5.000 alte und seltene Manuskripte, die bis auf das 16. Jahrhundert zurückzuführen sind.

INSIDERTIPPS

Die Mirusha-Wasserfälle
Im Zentrum zwischen den Städten Priština, Prizren und Peja befindet sich der Mirusha-Park, ein Naturschutzgebiet aufgrund der Artenvielfalt. Von besonderer Schönheit sind neben einheimischen Pflanzen und

Tieren die 16 Mirusha-Wasserfälle, die sich über 10 km erstrecken.

Besucher-Rezension: „Eines der schönsten Ausflugsziele im Kosovo sind zweifellos die Mirusha-Wasserfälle. Die Wasserfälle sind innerhalb einer Autostunde von Priština, nicht weit von Klina. Vom Parkplatz des Wasserfalls ist es etwa eine halbe Stunde zu Fuß. Im Sommer ist dies einer der Orte, wo die Einheimischen baden und picknicken kommen. Außerhalb der Saison ist es möglich, dass Sie hier der einzige Besucher sind. Ein absolutes Muss für Wanderer und Abenteurer."

Marble Cave – Eine wunderschöne Tropfsteinhöhle

Besucher-Rezension: „Nicht viel zu sehen und der Eingang befindet sich hinter einem Café. Wir haben auf dem Parkplatz geparkt, auf dem sich eine Autowaschanlage befindet.

Wir dachten, unser Fahrer hätte plötzlich den Drang, sein Auto zu waschen. Wir sind alle ausgestiegen. Wir zahlten unsere 2 Euro und betraten einen ordentlich geschnitzten Eingang.

Es ist kalt und feucht und faszinierend, da Sie nicht wissen, wohin Sie gehen und was Sie alles entdecken werden.

Wir haben immer wieder coolere Dinge gefunden, Stalagmiten und Schlamm, der sich noch nicht von Schlamm in Marmor verwandelt hat. Wir haben erfahren, dass Marmorstacheln dort abfallen, wo sich Boden und Oberseite noch nicht getroffen haben. In Teilen der Höhlen sahen wir kristallklares Wasser.

Sie könnten die Erdigkeit des Schlamms auf dem Boden oder den Wänden der Höhle riechen.

Ich kann sehen, wie sich hier leicht jemand verirren und umdrehen könnte, einige Höhlen der Höhle sehen gleich aus. Ein Besuch lohnt sich, und auch der Eintrittspreis ist unschlagbar."

Prizren

Im 19. Jahrhundert wurde die Stadt Prizren, ein kulturelles Zentrum, als Standort der „Liga von Prizren" publiziert, die sich für den Staat Kosovo und die Freiheit der Serben stark machte.

Die Faszination der Touristen in Prizren liegt in den historischen Bauten und der Altstadt. Mit über 84.000 Einwohnern ist Prizren die zweitgrößte Stadt im Kosovo.

HOTELS IN PRIZREN

Suchen Sie ein familienfreundliches Hotel in Prizren? Dann besichtigten Sie die Unterkünfte Hotel Tiffany und Hotel Prizreni.

• Das Hotel Prizreni verfügt über kostenloses WLAN, Restaurant und eine Bar.

Die Zimmer sind unter anderem ausgestattet mit einer Klimaanlage, Minibar, TV, eigenem Badezimmer, kostenlosen Pflegeprodukte und einem Zimmerservice.

Kundenbewertung Hotel Prizren: „Der Besuch in Kosovo hat mich sehr überrascht, vor allem mein Aufenthalt in Prizren. Auf der Suche nach Hotels bin ich auf den Hotel Cleon aufgestoßen. Da ich mich dann mehr über das Hotel informieren wollte, habe ich mich dann an der Rezeption informiert. Der Rezeptionist hat anschließend den Inhaber gerufen, um mir das Hotel zu zeigen. Ich war sehr überrascht über das Hotel. Es hat meine ganzen Erwartungen getroffen: Wohlfühlend, entspannend & die Atmosphäre war super. Nach meinem ersten Eindruck habe ich mich entschieden, eines der mehreren Zimmern im Hotel Cleon zu buchen.

Ein Grund mehr, das Hotel zu buchen, ist, dass es im Zentrum von Prizren liegt. Da ich mich nicht in Prizren auskenne, hat mir eine der Angestellten im Hotel Cleon angeboten, dass Sie mir die Umgebung zeigt, davon war ich sehr überrascht. Es ist sehr orientalisch. Es entspricht der modernen Zeit. Sowohl für Jugendliche als auch für ältere Menschen ist es dort angenehm." Außerdem „Die Aussicht war einfach nur schön und der Whirlpool im Bad am Abend sehr angenehm. "

• Das Hotel Tiffany verfügt über kostenloses WLAN, Kinderfernsehsender, Restaurant, Bar, Balkon und eine Snackbar.

Die Zimmer sind unter anderem ausgestattet mit einer Klimaanlage, Minibar, TV, eigenem Badezimmer, kostenlosen Pflegeprodukten und einem Zimmerservice.

Kundenbewertung für das Hotel Tiffany: „Dieses Hotel war super mit sehr nettem freundlichem Personal und fantastischem Service. Das Zimmer war sehr schön und sauber und hatte ein sehr komfortables Queensize-Bett. Das Restaurant ist eines der besten, in denen wir je im Kosovo gegessen haben, und auch hier waren die Angestellten sehr hilfsbereit und freundlich, die Qualität des Essens war ausgezeichnet und das Preisleistungsverhältnis war wunderbar. Würde das Hotel zu 100 % empfehlen." Außerdem „Es war alles perfekt, die Lage, Personal, Zimmer, Sauberkeit alles perfekt. Da wir früh am Morgen abreisen mussten, haben sie nur für uns Frühstück zubereitet. Komme gern wieder."

Oder doch lieber ein romantisches Hotel? Dann empfehlen sich das Monarch Boutique Hotel und Prior Hotel.

• Das Hotel Monarch Boutique verfügt über kostenloses WLAN, kostenfreie Parkplätze, Concierge-Service, Informationsschalter für Ausflüge, Restaurant, Bar, Terrasse und einen Flughafentransfer.

Die Zimmer sind unter anderem ausgestattet mit einem Kamin, Minibar, Klimaanlage, Flachbild-TV und Zimmerservice.

Kundenbewertung für das Hotel Monarch Boutique: „Eine gute Ausstattung der Zimmer und trotz "verkehrsgünstiger Lage" ruhig in der Nacht, da gute Fenster vorhanden sind. Beim Frühstück wurden auch Sonderwünsche erfüllt, sehr schönes Dachrestaurant.

Besonders hervorzuheben ist der Service des Hotelpersonals: Ich hatte Kleidungsstücke im Zimmer liegen gelassen, die mir dann vom Personal nach Deutschland nachgesandt wurden. Großes Lob!"

• Das Hotel Prior verfügt über Kostenloses WLAN, Filmnächte, Live-Sportveranstaltungen, Kinderbetreuung, Restaurant, Bar, Terrasse und einem Flughafentransfer

Die Zimmer sind unter anderem ausgestattet mit einem Kamin, Mini Bar, Klimaanlage, Flachbild TV und einem Zimmerservice.

Kundenbewertung für das Hotel Prior: „Sehr freundliches Personal, sehr sauber, tolles Ambiente. Das Frühstück war fabelhaft." Außerdem „Unterkunft war sehr sauber und das Personal sehr freundlich und zuvorkommend. Gern wieder"

RESTAURANTS UND CAFÉS

Vintage Pizza House

Kundenbewertung Vintage Pizza House: „Wir waren hier gleich zweimal essen. Die Pide und Pizzen waren sehr gut. Knuspriger Teig, leckerer Belag. Auch der

Salat war super (nur etwas unklar übersetzt: Der 'mixed green salad' war u. a. mit Käse, Hähnchen und Schinken). Das Preisleistungsverhältnis ist top! Der Service war nett."

Fish House

Kundenbewertung Fish House: „Wir kamen während des Ramadan und wurden herzlich empfangen. Unser Essen wurde vor dem Iftar-Ansturm serviert – sehr gute Flussforelle. Sehr guter Wert."

Marashi Restaurant

Kundenbewertungen für das Marashi Restaurant: „Auf Empfehlung sind wir hier zunächst zum Mittagessen gewesen. Wir haben das Hausbrot mit verschiedenen Vorspeisen kombiniert und es war einfach so unheimlich lecker, auch die Art und Weise mit dem Gemüse, Salat und Käseplatte dazu. Einfach nur köstlich. Die Fleischgerichte danach kann man auch nur empfehlen. Seitdem waren wir schon viermal dort und haben verschiedene Sachen ausprobieren können. Unserer Ansicht nach ein absolutes Muss in Prizren. Service war auch makellos. Wir freuen uns schon auf das nächste Mal." Und „Sehr schönes Restaurant, etwas außerhalb des Stadtzentrums direkt am Fluss gelegen. Nettes

Personal, schnelle Bedienung. Äußerst empfehlenswert: Rindfleisch auf dem heißen Stein für 8 €."

Egon Restaurant

Kundenbewertungen für das Restaurant Egon: „Bestes Restaurant in Stadt Prizren mit europäischer Qualität. Schöner Blick auf den besten und schönsten Teil des Zentrums." Außerdem „Das Hotel liegt am Hauptplatz der Altstadt Prizren. Großartig für Leute, die zusehen und Bequemlichkeit. Die Qualität des Essens war gut und es gab eine gute Auswahl. Effizienter Service und faire Preise. Empfehlenswert."

Das Fish House, Marashi Restaurant, das Restaurant Egon und das Vintage Pizza House überzeugen bei Kunden durch Qualität und Service

BARS

Gazza Vitamins

Kundenbewertung für das Gaza Vitamins: „Wenn Sie etwas trinken wollen, sollten Sie das Gazza besuchen. Und vergessen Sie nicht, versuchen Sie Waffeln Ursache sind sehr lecker. Es ist der beste Ort im Kosovo für natürliche Getränke, Waffeln ... und es ist im Herzen von Prizren. Sie haben eine herrliche Aussicht vom

Gazza."

Destill
Kundenbewertung für das Destill: „Süße und kleine Kneipe in einer ruhigen Gasse. Dort gibt es Sabaja Craftbeer aus Pristina. Die Angestellten sind alle junge Leute, die Englisch sprechen und die sich freuen, Sie zu sehen. Einer ging die Straße entlang, um meinem Kind ein Eis zu besorgen."

Te Kenizi
Kundenbewertungen für das Te Kenizi: „Tolle Bar im Herzen von Prizren mit einer wunderbaren Auswahl an lokalen Bieren. Freundliches Personal. Unsere Kinder wurden sogar mitten am Tag für eine schnelle Limonade begrüßt. Sehr empfehlenswert." Und „Eine kleine Bar im Zentrum von Prizren, wo Sie viele Arten von globalen Bieren und lokalen Bieren auch Kaffee und viele andere Getränke finden können."

Das Gaza Vitamin, das Destill und das Te Kenizi überzeugen Kunden durch Qualität und Service.

SEHENSWÜRDIGKEITEN DER STADT

Prizren zieht verglichen mit anderen Städten etliche Touristen an. Es überwiegt mit einigen antiken Bauwerken. Prizren bietet überwiegend Schönes, wofür es sich lohnt, es sich anzuschauen.

Heldenfriedhof der UCK

Bei Prizren finden Sie die Gedenkstätte der UCK-Soldaten.

Museum der Liga von Prizren

Im 19. Jahrhundert wurde die Stadt Prizren, ein kulturelles Zentrum, als Standort der „Liga von Prizren" publiziert, die sich für den Staat Kosovo und die Freiheit der Serben stark machte. Das Museum wurde im Jahr 1999 vollständig von den Serben zerstört, nach dem Wiederaufbau befinden sich dort lediglich noch Kopien.

Landeskunde-Museum

Das Landeskunde-Museum zeigt die Kultur und Kunst im Kosovo.

Erzengelkloster

Im 14. Jahrhundert wurde das orthodoxe Erzengelkloster als Grabeskirche für Zar Dusan errichtet.

INSIDERTIPPS

Das Dokumentationsfest

Jedes Jahr verwandelt sich das kulturelle Zentrum in Prizren zu einem einwöchigen Dokumentationsfest im August. Festlichkeiten, Fotoausstellungen und Workshops bieten Besuchern eine große Vielfalt an.

Shar Mountains Nationalpark

Ein Gebirgszug, der sich in einer Höhe bis 2700 Meter zwischen dem Kosovo und Nordmazedonien erstreckt. Geeignet für Wintersportler.

Peja

Peja, die viertgrößte Stadt im Kosovo, ist auch bekannt als die lebendige und grüne Stadt, in der Sie die ästhetische Natur und die kulturelle Stadt auf sich wirken lassen können. Peja verbindet die Schönheit der Vergangenheit mit den Möglichkeiten der Gegenwart und bietet dem modernen Reisenden alle Dienstleistungen und Einrichtungen vielfältiger und einzigartiger Touristenattraktionen.

HOTELS IN PEJA

Suchen Sie ein familienfreundliches Hotel in Peja? Dann besichtigten Sie die Unterkünfte Kuint Hotel und Seraphine Plaza.

• Das Hotel Kuint verfügt über kostenloses WLAN, kostenfreie Privatparkplätze, Kinderfernsehsender, Outdoor-Spielplatz, kinderfreundliches Buffet, Restaurant, Bar und einen Flughafentransfer.

Die Zimmer sind unter anderem ausgestattet mit einer Klimaanlage, Minibar, TV, eigenem Badezimmer, kostenlosen Pflegeprodukten und Zimmerservice.

Kundenbewertung für das Hotel Kuint: „Zimmer klein, aber sauber, toller Ausblick, tolle Terrasse, gutes Essen, nettes Personal, absolut hilfsbereit, Flughafen Shuttle von/nach Pristina für 50 €." Außerdem „Es war alles, wie es sein sollte. Immer wieder gern!"

• Das Hotel Seraphine Plaza verfügt über kostenloses WLAN, kostenfreie Privatparkplätze, Kinderfernsehsender, Outdoor-Spielplatz, kinderfreundliches Buffet, Restaurant, Bar und einen Flughafentransfer. Die Zimmer sind unter anderem ausgestattet mit einer

Klimaanlage, Minibar, TV, eigenem Badezimmer, kostenlosen Pflegeprodukten und Zimmerservice.

Kundenbewertung für das Hotel Seraphine Plaza: „Sehr modern. Alles wurde nach neuestem Standard gebaut. Das Personal hat uns jeden Wunsch von den Lippen abgelesen. Sehr aufmerksame Leute. Und zu einem Preis, worüber man in Europa nur lachen würde. Also, ich behaupte, es war eines der besten Hotels, in denen ich jemals war!" Außerdem „Das Personal war sehr freundlich und hilfsbereit. Extrem sauber und sehr guter Service. Das Hotel allgemein war wunderschön eingerichtet."

Oder doch lieber ein romantisches Hotel? Dann empfehlen sich das Hotel Panorama-Rugovë und Hotel Borea.

• Das Hotel Panorama-Rugovë verfügt über kostenloses WLAN, Restaurant und eine Snackbar.

Die Zimmer sind unter anderem ausgestattet mit einer Klimaanlage, Minibar, TV, eigenem Badezimmer, kostenlosen Pflegeprodukten und Zimmerservice.

Kundenbewertung für das Hotel Panorama-Rugovë: „Die Aussicht war fantastisch. Das Personal war freundlich und das Essen lecker. Ich komme definitiv wieder." Und „Das Personal war sehr freundlich, besonders Mergim und Florent waren sehr hilfsbereit. Die Aussicht war atemberaubend!"

• Das Hotel Borea verfügt über kostenloses WLAN, Restaurant, Skifahren, Reiten, Happy Hour, Whirlpool und eine Snackbar.

Die Zimmer sind unter anderem ausgestattet mit einer Klimaanlage, Minibar, TV, eigenem Badezimmer, kostenlosen Pflegeprodukten und Zimmerservice.

Kundenbewertung für das Hotel Borea: „Super Ausstattung, Sauberkeit, Service, keine Lärmbelästigung, sehr freundliches Personal, gutes Frühstück und die zentrale Lage, von wo aus man in alle Richtung schnell hinkam. Wir waren begeistert und würden immer wieder dieses Hotel buchen." Und „Das Hotel Borea ist relativ neu und daher sehr modern eingerichtet. Sauberkeit war super, Personal sehr nett und immer hilfsbereit. Je nach Sprachkenntnissen haben alle versucht, Englisch oder Deutsch zu sprechen. Das inbegriffene Frühstück war sehr lecker. Lage mit Blick auf die Berge."

Das Hotel Panorama-Rugovë und das Hotel Borea überzeugen Kunden durch Qualität und Service.

RESTAURANTS UND CAFÉS

Restaurant Ujevara E Drinit

Kundenbewertung für das Restaurant Ujevara E Drinit: „Dieses Restaurant ist ein Muss, wenn Sie in der Gegend sind. Die Aussicht vom Tisch ist einfach spektakulär. Das Essen ist genauso gut. Bestellen Sie unbedingt den frischen Fisch aus der Region. Meine Forelle wurde vollständig entbeint und auch perfekt gekocht. Die Salate waren auch sehr lecker. Nach dem Essen erkunden Sie die Brücke und gehen Sie den Hügel hinauf."

Doncafe House

Kundenbewertung für das Doncafe House: „Ich war begeistert von dem Kaffee, den wir hier bekommen haben! Ich bin kein großer Fan des Rauchens in Innenräumen, aber das ist für dieses Café kein Problem – das gibt es überall."

Kulla e Zenel Beut

Kundenbewertungen für das Kulla e Zenel Beut: „Sehr freundliche Bedienung! Der griechische Salat war sehr lecker. Es gab auch feines Pizzabrot mit Joghurt dazu. Leider war das Risotto nicht so empfehlenswert, es war eher normaler Reis. Das traditionelle Gericht war hingegen sehr fein. Preisleistungsverhältnis stimmt absolut!" Und „Nachdem wir in einem Laden offensichtlich preislich abgezockt worden sind, da wir vorher nicht auf den Preis geguckt haben, haben wir uns im Internet über gute Küche in authentischer Atmosphäre informiert und sind hier gelandet. Das Gebäude ist eine wunderschöne renovierte Kulla. Man sitzt sowohl draußen als auch drinnen sehr schön, das Personal ist unheimlich zuvorkommend und informiert einen auch gern über den Laden sowie den Kosovo und die Stadt. Das Essen war fantastisch und die Preise sind überragend. Als wir im August dort waren, ging in Peja die Welt unter und wir mussten nach drinnen ausweichen, da der Regen und Hagel irgendwann überall durchkamen.

Wir bekamen warme Decken und das Kind durfte sich drinnen auf eine Bank legen. Wir hatten eine sehr schöne Zeit, leider ist währenddessen unser Auto in einer Tiefgarage abgesoffen."

Kings

Kundenbewertungen für das Restaurant Kings: „Kings hat alles, was das Herz begehrt. Da gibt es perfekte Pizzen mit den gewünschten Belägen. Die Pasta schmeckt wie beim Italiener, nur besser. Es ist ein Muss bei einem Kosovo-Trip. Einfach die perfekten italienischen Spezialitäten in einem Restaurant." Und „Ich habe zum ersten Mal bei Kings was gegessen. Essen war sehr lecker und sehr freundlicher Service. Zu empfehlen. TOP!"

Das Restaurant Ujevara E Drinit, das Doncafe House, Kulla e Zenel Beut und das Kings überzeugen bei Kunden durch Qualität und Service.

BARS

Fox Bar Peje

Kundenbewertung Fox Bar Peje: „Wir waren hier an einem Dienstagabend und so waren nur ein paar Tische besetzt. Ich entdeckte, dass sie kein Essen servieren, nicht einmal Snacks. Das veranlasste mich, nach einem Bier zu gehen, da ich etwas zu essen brauchte. Wir hatten ein gezapftes Peja (das lokale Bier) für 1 Euro. Beeindruckend schöne Musik, nicht zu laut. Sie haben dort schöne, bequeme Sitzgelegenheiten draußen sowie drinnen. Hätte 5 Sterne gegeben, aber als mein Bier abgelassen war, habe ich meinen Kellner nie wieder gesehen. Ich ließ meinen Euro auf dem Tisch und ging raus. Trotzdem gefiel mir die Einrichtung, die Atmosphäre usw. und ich würde wieder hingehen."

SEHENSWÜRDIGKEITEN DER STADT

Fahren Sie nach Peja, eine kleine charmante Stadt im westlich gelegenen Kosovo. Peja zählt nicht ohne Grund zu den beliebtesten Sehenswürdigkeiten im Kosovo, sie liegt am Fuße der Rugova-Schlucht und Bergen. Mit traumhaften Ausblicken wie Wasserfällen, atemberaubende Seen und malerischen Dörfern bietet sie alles für Naturliebhaber.

Museum der Region Peja

Das Peja-Regional-Museum zeigt den Lebensstil der Bewohner der Region.

Bajrakli-Moschee

Die Bajrakli-Moschee zeigt filigrane Schnitzwerke, reich bemalte Wände und verzierte Marmorkanzeln, sie zählen zu den elementaren Zeugnissen der islamischen Architektur.

INSIDERTIPPS

Die Rugova-Schlucht

Zu den beliebtesten Sehenswürdigkeiten in Peja zählt die Rugova-Schlucht, ein Naturwunder.

Top 5 Sehenswürdig-keiten

KLOSTER VISOKI DEČANI

Dieses Kloster ist das größte Gebäude des Mittelalters und wurde zwischen 1328 und 1335 vom Franziskaner Fra Vita als Krypta für Stefan Uroš III. Dečanski erbaut.

Besucher-Rezensionen zum Kloster Visoki Dečani: „Die reine Vergnügungsreise ist ein Besuch in Kosovo nach wie vor nicht, aber es gibt gute Gründe, manche Erschwernisse auf sich zu nehmen. Einer dieser Gründe ist das Kloster Visoki Dečani. Bewacht wird es noch immer von freundlichen KFOR-Soldaten, aber die Kontrollen sind problemlos. Wer sie passiert hat, steht buchstäblich vor einem Wunder. Die Fresken dieser Kirche sind von einer Schönheit ohnegleichen und der Erhaltungszustand ist formidabel. Man sollte Stunden und man könnte Tage verbringen, um die Fülle an Bildwerken in dieser Klosterkirche zu bestaunen. Vielleicht ist der Zeitpunkt, sie jetzt zu besuchen, auch deshalb empfehlenswert, weil der Ort in wenigen Jahren "entdeckt" und so überlaufen sein wird, dass man nur noch mit einer Vorausbuchung Zutritt bekommt."

Außerdem berichtete ein weiterer Besucher, „dass das Kloster von Dečani ein Politikum ist, wird einem spätestens bewusst, wenn man das von Panzersperren, dicken Mauern und NATO-Draht schwer bewachte Eingangstor erreicht. Bei unserem Besuch wurde dieses von freundlichen österreichischen Soldaten bewacht (wir konnten problemlos passieren).

Anschließend hatten wir ein Weltkulturerbe für uns allein. Sehenswert ist schon der Klosterhof mit seinen Galerien sowie die Außenansicht der fünfschiffigen orthodoxen Basilika. Doch das wahre Glanzlicht sind die steinalten und bestens erhaltenen Fresken-Zyklen im Inneren (quasi ein mittelalterlicher Comic-

Strip, am besten im Rahmen einer Führung zu genießen). Im Klosterladen gib es eine (insbesondere für kosovarische Verhältnisse) reiche Auswahl in Souvenirs und Devotionalien. Besonders zu empfehlen, sind die hochwertigen (aber auch hochpreisigen) Produkte aus der klostereigenen Landwirtschaft. Anreise am besten mit dem Taxi direkt zum Eingang."

KALAJA FORTRESS

Die Festung Kalaja Fortress ist eine mittelalterliche Burg in Prizren. Die Festung von Prizren ist seit 1948 ein wichtiges Kulturdenkmal.

Besucher-Rezensionen zur Kalaja Fortress: „Neben der Aussicht über die Altstadt ist auch die Burg selbst sehenswert (mit Infotafeln auch in englischer Sprache). Als Hinweg ist der lange Weg am Rücken den Berges (durch den Maresh-Park gehen und dem befestigten Weg immer weiter folgen) empfehlenswert, auf dem man eine gute Aussicht auf das Gebirge südlich von Prizren hat, der jedoch leider recht vermüllt ist." Außerdem berichtete ein Besucher „Ruine aus vorchristlichen Zeiten. Tolle Aussicht über die Stadt! Mittagshitze sollte beim Aufstieg berücksichtigt werden."

KLOSTER GRAČANICA

Kloster Gračanica ist eines der bekanntesten Klöster im Kosovo, durch die Lage auf dem Amselfeld und die einzigartige Architektur. Sie ist der Entschlafung der Gottesmutter gewidmet.

Besucher-Rezensionen zum Kloster Gračanica: „Vor diesem Kloster stehen die KFOR-Soldaten mittlerweile nicht mehr Wache, aber die politische Spannung liegt sozusagen in der Luft. Die Restauration der Fresken wird voraussichtlich noch drei Jahre dauern, aber schon der Blick auf dieses "Work in Progress" zeigt, dass Gračanica in Kürze ein wichtiger Ort auf den Landkarten des Balkans sein wird. Der bereits restaurierte Narthex zeigt es schon heute. Das Kloster Gračanica ist auch als Bauwerk großartig." Außerdem berichtete ein Besucher: „Der Innenraum der Kirche ist bis zuoberst mit Bilderreihen mittelalterlicher Fresken bemalt. Eine liebenswürdige Nonne macht sich die Mühe, viele davon zu erklären, ebenso die ganze wechselvolle Geschichte des Klosters."

GERMIA PARK

Besucher-Rezensionen zum Germia Park: „Der Germia Park ist der größte, schönste und naturbelassenste Park in Priština. Ein Teil ist parkähnlich angelegt und gepflegt; der größte Teil ist aber naturbelassener Wald. Es gibt mehrere Spielplätze, ein Schwimmbad und viel Wald. Man kann spazieren gehen, laufen, Nordic-walken, wandern, Mountainbike fahren (Fahrradverleih). Auch für das leibliche Wohl ist mit zwei Restaurants, von denen ich die Villa Germia besonders empfehle, und zahlreichen Verkaufsständen bestens gesorgt.

Die Luft ist hier wesentlich besser als in Pristina-Stadt." Außerdem berichtete ein Besucher: „Priština ist eine luftverschmutze Stadt. Wer aber in der Nähe Erholung sucht, sollte einfach in den Germia Park fahren. Er liegt unweit des Zentrums am Stadtrand von Priština. Man bezahlt 1 Euro für die Einfahrt. Kilometerlange Natur-Wanderwege, kilometerlange Biker-Wege, Natur pur, Wald, Berge und wilde Tiere.

Leider werden auch Bären in viel zu engen Käfigen gehalten. Restaurants sind vorhanden. Am Wochenende im Sommer muss man schon schauen, dass man einen Parkplatz bekommt, aber auch in der

Winterzeit ein geniales Erlebnis."

PRIŠTINA NATIONALBIBLIOTHEK

Die Nationalbibliothek in Priština ist nach dem albanischen Autor Pjetër Bogdani benannt worden. In der Nationalbibliothek wird eine umfangreiche Sammlung von kulturellen und geschichtlichen Werken gesammelt, die für die BKK von großer Bedeutung sind.

Besucher-Rezensionen zur Nationalbibliothek: „Einige nennen es das hässlichste Gebäude im Kosovo – wenn nicht in ganz Europa, andere nennen es ein Meisterwerk der Architektur. In jedem Fall ist die Nationalbibliothek in Pristina mal ganz was anderes vom Design. Das gewaltige Gebäude mit den vielen Kuppeln, die sich auf scheinbar unterschiedlichen Ebenen befinden. Es ist so viel los, dass Sie schnell gefesselt werden. Dieser Ort ist berühmt für seinen einzigartigen Baustil, der vom kroatischen Architekten Andrija Mutnjaković entworfen wurde.

Es lohnt sich auf jeden Fall, es aus der Nähe zu erkunden. Viele interessante Exponate werden hier ausgestellt. Der Besuch lohnt sich auf jeden Fall." Außerdem berichtete ein anderer Besucher: „In meinen

Augen das beeindruckendste Gebäude in der Stadt. Ein Besuch sollte zu jedem Rundgang dazu gehören!"

Wirtschaft und Entwicklung

Die Wirtschaft des Kosovo leidet unter unterbrochenen Handelsbeziehungen infolge des Kosovo-Konflikts sowie unter unzureichenden Investitionen in die Infrastruktur. Die wirtschaftliche Rückständigkeit ist jedoch nicht nur auf Konflikte um die Jahrtausendwende zurückzuführen. Das Kosovo ist eines der ärmsten Areale in Europa. Trotz des beträchtlichen jährlichen BIP-Wachstums und der Euroisierung der Wirtschaft ist die kosovarische Wirtschaft weiterhin Herausforderungen ausgesetzt. Das extreme Handelsdefizit macht das Kosovo von Hilfe und Auslandstransfers abhängig. Andere Probleme sind unzureichende Energie-, Wasser- und Verkehrsinfrastruktur, ungelöste rechtliche Bedingungen, Korruption, mangelnde Transparenz, Kriminalität. In einer Selbstauskunft des Handelsstandorts des Kosovo listet das Ministerium für Handel und Industrie die folgenden Stärken der kosovarischen Wirtschaft auf:

• Kosovo besitzt ein junges, vielsprachig und dynamisch Arbeitskräftepotenzial.

• Lohnkosten (Durchschnittsmonatslohn 453 €) und die Kosten für Hilfslöhne sind insbesondere im regionalen Vergleich ebenfalls sehr niedrig. Der Euro verleiht dem Staat makroökonomische und finanzielle Stabilität. Die Steuerabgabe ist geringfügig.

Ob die ungewisse politische Situation der Korruption oder die offene Rechtsstaatlichkeit, die ausländische Investoren daran hindert, in den Kosovo zu investieren, berücksichtigt wird, ist nur eine der Fragen, die gestellt werden müssen. Eine andere Frage ist, ob niedrige Steuerbelastungen nicht teilweise zu staatlichen Investitionen in den Ausbau der Bildungs- und Gesundheitssysteme führen werden, die im regionalen und internationalen Vergleich schwach sind und noch nicht erreicht wurden. Arbeitsprobleme führen direkt zu einem der größten (sozialen und wirtschaftlichen) Probleme im Kosovo, nämlich der hohen Arbeitslosenquote.

SEBASTIAN LANGENBERG

Das politische System Kosovo

Die in Kraft getretene Verfassung: Gemäß Artikel 1 am 15. Juni 2008 hat der Kosovo-Staat die Form einer parlamentarischen Demokratie. Der Präsident als Staatschef hat im Wesentlichen repräsentative Funktionen. Das Kosovo-Parlament vertritt den Gesetzgeber und durch Direktwahl für vier Jahre auf Amtszeit gewählt.

Die Regierung hingegen übt die Exekutivfunktionen des Staates aus und besteht aus dem Premierminister, fünf stellvertretenden Premierministern und den Fachministern zusammen.

DAS NATIONALSTAATSMODELL

Die offizielle Staatsstruktur des Kosovo-Staates folgt den Grundsätzen des föderalen Nebengesetzes, da die Gemeinde in der Verfassung als wichtige territoriale Einheit für die Wahrnehmung autonomer Aufgaben nach dem Gesetz definiert ist. Die Vertreter der autonomen Regierung werden durch Kommunalwahlen bestimmt.

Die Kommunen verfügen über ein breites Spektrum an Möglichkeiten zur Selbstversorgung und Dezentralisierung, beispielsweise in den Bereichen Bildung, lokale wirtschaftliche Entwicklung und Förderung, medizinische Grundversorgung, Erbringung öffentlicher Dienstleistungen, Katastersysteme, soziale Sicherheit, Wohnen, Tourismus, Kulturpolitik usw. Gemäß Artikel 5 des lokalen Strukturgesetzes ist das Kosovo in 38 sogenannte Großstädte unterteilt. Um die lokale Autonomie ethnischer Minderheiten, insbesondere der Kosovo-Serben, zu stärken, wurden 2008 zusätzlich zu den 28 auf diese Weise existierenden Gemeinden auf der Grundlage der mit dem Ahtisaari-Plan interagierenden Bundesreformen innovative Gemeinden geschaffen. Die Mission der Europäischen Initiative für Schutz und Zusammenarbeit besteht darin, eine kurze Zusammenfassung der Informationen in jeder der 38 Städte bereitzustellen und auf ihrer Website weitere umfassende Fakten zur lokalen Autonomie bereitzustellen.

DIE VERFASSUNG

Der Staat Kosovo erklärte am 17. Februar 2008 seine Unabhängigkeit. Die Verfassung der Republik Kosovo trat am 15. Juni 2008 in Kraft. Die Verfassung des Kosovo muss insbesondere in Übereinstimmung mit der Resolution 1244 des UN-Sicherheitsrates und dem sogenannten Ahtisaari-Plan überprüft und ausgelegt werden. Die Resolution 1244 weist auf eine politische Lösung des Konflikts hin, und unter der Schirmherrschaft der Vereinten Nationen oder des Sonderbeauftragten des Generalsekretärs der Vereinten Nationen wurde die provisorische Institution für internationale Zivilverwaltung und Sicherheit eingerichtet. In der Entschließung wurde einerseits die Souveränität der ehemaligen Bundesrepublik Jugoslawien bekräftigt und andererseits die Autonomie des Kosovos betont. Artikel 143 der Kosovo-Verfassung erwähnt ausdrücklich den Ahtisaari-Plan. Folglich müssen die Verfassung und andere gesetzliche Normen den Bestimmungen dieses Dokuments entsprechen.

LEGISLATIVE

Das Parlament mit Sitz in Priština vertritt den Gesetzgeber als die höchste vom Volk direkt legitimierte Institution und bezieht sich auf die Artikel sechsunddreißig bis zweiundachtzig der Befindlichkeit. Das Parlament verfügt über 120 Sitzplätze, von denen 20 Minderheiten vorbehalten sind. Zehn Sitzgelegenheiten für Vertreter der Serben und zehn Sitzplätze für Vertreter anderer Minderheiten. Die Hauptaufgabe des Parlaments besteht darin, über Rechtsakte und Änderungen der Verfassung zu entscheiden.

Das Parlament entscheidet auch über den Haushalt und ratifiziert multinationale Verträge. Ihre Wahlfunktion besteht insbesondere aus der Wahl des Präsidenten, des Vizepräsidenten und der Regierung. Das Parlament hat auch Kontrollrechte. Die Parlamentswahlen finden regelmäßig alle vier Jahre statt. Die

Abstimmungen werden regelmäßig mit einfacher Mehrheit der anwesenden Mitglieder entschieden. Parlamentarier haben Immunität.

EXEKUTIVE

Führungskräfte setzen sich unter anderem aus dem Präsidenten und der Regierung zusammen. Der Staatschef des Kosovos hat grundsätzlich eine repräsentative Funktion. Darüber hinaus gab der Präsident bekannt, dass das Gesetz des Parlaments verabschiedet worden sei, er jedoch das Recht habe, das Gesetz des Parlaments zur Wiedereröffnung der Debatte und Überprüfung abzulehnen. Der Präsident und Jure leiten die Außenpolitik und die Streitkräfte des Kosovo sind die obersten Kommandeure. Der Präsident wird in geheimer Abstimmung mit Zweidrittelmehrheit gewählt. Die Amtszeit beträgt fünf Jahre und kann wiedergewählt werden.

JUDIKATIVE

Es gibt viele Quellen anwendbarer Gesetze, die das Justizsystem überwachen muss, nämlich die Gesetze, die das Parlament der Republik Kosovo nach Inkrafttreten der Verfassung von 2008 verabschiedet hat, die Verwaltungsvorschriften der UNMIK und die Gesetze vor 1999. Daher gelten das Kosovo-Gesetz, das UNMIK-Gesetz und es auch das serbische Recht. Das am 1. Januar 2013 geänderte Gerichtsgesetz beschreibt die Struktur der kosovarischen Justiz: Der Oberste Gerichtshof des Kosovos ist ein Verfassungsgericht mit Sitz in Priština. Er legt die Verfassung aus und überwacht daher die Gesetzgebungs- und Exekutivbefugnisse und versichert die Umsetzung der Menschenrechte und Grundfreiheiten.

DIE PARTEIENSYSTEME

Die politischen Parteien im Kosovo sind vielschichtig, unterscheiden sich jedoch stark vom traditionellen Parteiensystem. Die Parteien im Kosovo unterschieden sich nicht nach bekannten Mustern. Daher ist es nicht die folgende Dichotomie, die im Kosovo auftritt, die für die Entwicklung und Entfaltung der Parteien entscheidend ist: Arbeit vs. Kapital, Zentrum vs. Peripherie, Stadt vs. Land, Religion vs. Laizismus. Vielmehr dominieren ethnische und regionale Unterschiede ebenso wie der Konflikt zwischen Rugovas Beschwichtigungsbewegung und Befürwortern gewalttätigen Widerstands. Die ethnische Konfliktlinie kann daran erkannt werden, dass die Parteien in erster Linie einer ethnischen Gruppe der Bevölkerung zugeordnet oder fast ausschließlich programmatisch zur Vertretung ihrer Interessen eingesetzt werden können.

Auf regionaler Ebene zeichnen sich die Parteien dadurch aus, dass sich viele Parteien durch ihre Hauptvertreter definieren und der Erfolg von Region zu Region sehr unterschiedlich ist. Obwohl traditionelle Loyalitäten immer fragiler werden, spiegeln sich die Konfliktlinien immer noch in den Wahlergebnissen wider. Insbesondere zwischen hauptsächlich albanischen und serbischen Gemeinden bestehen deutliche Unterschiede. Darüber hinaus unterscheidet sich das Ergebnis in Zentral-Priština erheblich von dem der ländlichen Gemeinden. Last but not least erzielen Parteien in Regionen, die als ihr politischer Ursprung gelten, manchmal überraschende Ergebnisse.

MENSCHENRECHTE

Die Probleme der Schaffung eines wirksamen

Justizsystems und eines wirksamen Verwaltungsmanagements sowie ein hohes Maß an Korruption haben sich auf die Ausübung der zentralen Menschenrechte ausgewirkt. Die Situation in dieser Hinsicht ist schwierig. Es gibt Gesetze, die Diskriminierung verbieten, aber es gelten keine einheitlichen Gesetze. Einerseits fehlt ein einfaches Beschwerdeverfahren, andererseits fehlt das öffentliche Bewusstsein für das Problem.

Diesbezüglich können mehrere Beispiele angeführt werden. Bei der Entwicklung der Menschenrechte von Minderheiten können unterschiedliche Ergebnisse auftreten. Wie oben erwähnt, fehlt den im Norden des Kosovo lebenden Serben eine solche soziale Eingliederung fast vollständig, obwohl die soziale Eingliederung serbischer Minderheiten außerhalb des nördlichen Kosovo als positiv bewertet werden kann.

Die Situation ist für viele andere Minderheiten negativ, insbesondere für die Ägypter, Roma und Ashkali. Bei der Registrierung und Identifizierung dieser Minderheiten wurden Fortschritte erzielt. Dies erleichtert z. B. Zugang zu sozialen Diensten oder zum Bildungssystem. Im Allgemeinen haben sich die Lebensbedingungen dieser Minderheiten jedoch nicht nachhaltig verbessert und sollten als besorgniserregend angesehen werden. Das Europäische Zentrum für Minderheitenangelegenheiten im Kosovo spielt eine wichtige Rolle in der Frage der Minderheiten.

ZIVILGESELLSCHAFT

Im Nationalstaat Kosovo sind 6.000 Nichtregierungsorganisationen (NGO) registriert, von denen nur 10 % als aktiv gelten. Sicherlich gibt es im Kosovo zumindest eine neuere Tradition der Zivilgesellschaft, die in den Neunzigerjahren und während des Konflikts sowie in der anschließenden Phase der Soforthilfe und des Wiederaufbaus eine wichtige Rolle in der Parallelgesellschaft des Kosovos gespielt hat. Die Rolle der Mutter-Teresa-Gesellschaft sollte betont werden.

Aufgrund des hohen Jugendanteils in der Gesellschaft ist die zivilgesellschaftliche Szene sehr dynamisch, aber weitgehend unpolitisch. Der Großteil aktiver NGOs fokussiert sich auf das Zentrum, während die Anzahl der in mehr ländlichen Regionen aktiven NGOs gering ist. Die Arbeitnehmerorganisationen im Kosovo haben rund 60.000 Mitglieder und sind ein wichtiger Sozialpartner mit einer organisatorischen Abdeckung von rund 90 % im öffentlichen Sektor.

Darüber hinaus gibt es einen Kosovo-Wirtschafts- und Sozialrat, dessen Ressourcen jedoch sehr gering und daher von geringer operativer Bedeutung sind.

Sicherheit im Kosovo

MILITÄR

Die Sicherheitskräfte des Kosovo wurden am 21. Januar 2009 eingerichtet. Sie haben 2.500 Soldaten im aktiven Dienst und 800 Reservepersonal. Mit der Auflösung der Kosovo-Schutzarmee hat die Kosovo-Regierung ihre Verpflichtungen aus dem Plan des Verhandlungsführers der USA Martti Ahtisaari erfüllt, der die Verfassung vom Staat Kosovo bildet.

Rund 4.030 Soldaten der KFOR waren ebenfalls im Kosovo stationiert.

Die Wirtschaft im Kosovo

Das Kosovo war die ärmste Region in Jugoslawien. Der Grund der Rückständigkeit im Staat war der erfolglosen Struktur-Wirtschaftspolitik von Tito geschuldet: Im Kosovo wurden hauptsächlich Rohstoffproduktionsindustrien und wenig zusätzliche Verarbeitung etabliert. Das Kosovo wurde von den jugoslawischen Staaten unterstützt, aber die langfristige Anlage von Kapital in den 1960er- und 1970er-Jahren machten rund fünfzig Prozent des jugoslawischen Gewinns aus. Die Subventionen waren auch hauptsächlich für den nicht produktiven Bereich bestimmt.

AUSSENHANDEL

Der Außenhandel des Kosovo weist seit 1990 ein konstantes Defizit auf. Derzeit wird er dreimal mehr importiert als exportiert. Im Jahr 2012 wurden Exporte von 1,2 Mrd. USD durch die Einfuhr von drei Milliarden USD ausgeglichen. Eisen, Stahl, Mineralien und Textilien werden exportiert, Kraftstoffe, Mineralölprodukte, synthetische Fäden, Kraftfahrzeuge (Gebrauchtwagen mit Dieselmotoren) und Maschinen importiert. Die wichtigsten Kundenländer sind Italien, Albanien, Nordmakedonien und China. Die wichtigsten Importeure sind die Türkei, Deutschland und Serbien.

INDUSTRIE

Der Industriesektor ist geprägt von den Sektoren Bergbau, Chemie, Elektrik, Textil, Baustoffe und Holz. Der Bergbau (die natürlichen Ressourcen des Kosovo) wird zur Gewinnung von Erz, Kohle, Blei und Zink verwendet. Im Allgemeinen ist der Industriesektor schwach.

Der Industriesektor hat einen Anteil von 22,6 % am BIP.

LANDWIRTSCHAFT

Es werden Raps, Getreide (Mais und Weizen), Beeren, Trauben, Sonnenblumen und Zuckerrüben angebaut. Die Landwirtschaft erwirtschaftet nur 12 Prozent des Bruttoinlandsproduktes.

DIENSTLEISTUNGEN

Mit einem Anteil von 64,5 % am Bruttoinlandsprodukt ist es der größte Wirtschaftszweig.

WÄHRUNG

Die offizielle Währung ist der Euro. Der Staat ist kein Angehöriger der EU-Währungsunion.

PROBLEMATIK

Außenhandelsdefizit
Das Außenhandelsdefizit stieg 2012 auf 2,4 Milliarden

US-Dollar, was ungefähr 45 % des Bruttoinlandsprodukts des Landes entspricht. Produkte mit geringem Wert werden exportiert.

Abhängig von externen Finanzeinflüssen

Die Wirtschaft ist stark abhängig von externen Finanzzuflüssen (Hilfe, Kapitaltransfers von Migranten). Nach Auskunft des Finanzministeriums vom Staat Kosovo sind die Transfers ausländischer Arbeitskräfte mehr als die im Kosovo erzielten Werte. Da die Hilfe zurückgeht und der Zugang zum EU-Arbeitsmarkt auch für die Kosovaren schwieriger wird. Risiken bringen u. a. die ungesunde Struktur.

Ausländische Direktinvestitionen bleiben angesichts der ungewissen politischen Zukunft und der schwierigen Privatisierungsgesetzgebung unbedeutend. Die internationale Gemeinschaft hat seit Kriegsende im Jahr 1999 bis zum Jahr 2011 rund 4 Milliarden Euro investiert, aber es gibt wenig Industrie. Außerdem wird landwirtschaftliche Ware aus China importiert. Missmanagement, Korruption und Überregulierung durch die EU und die USA tragen weitere Teile bei. Die Finanzverwaltung ist noch im Aufbau. Im Januar 2012, p. B. Steuer abgaben von 1,2 Mio. USD. Dies entspricht ungefähr 14 Millionen US-Dollar pro Jahr oder ungefähr 78 US-Dollar pro Kopf, einschließlich Unternehmenssteuern.

Arbeitslosigkeit

Jedes Jahr treten weitere 36.000 junge Menschen in den Arbeitsmarkt ein. Selbst in 20 Jahren wird es aufgrund der hohen Geburtenrate noch rund 30.000 Arbeitslose pro Jahr geben.

Soziale Ungleichheit

Im Jahr 2009 lebten vieranddreißig Prozent der Einwohner durch Selbstoffenlegung, denen der Erwerb lebensnotwendiger Lebensmittel nicht mehr möglich ist, in Armut (das Pro-Kopf-Einkommen ist deutlich geringer als zwei Euro pro Tag) und 12 % der Bevölkerung lebten unterhalb der extremen Armutsgrenze (pro Kopf und Tag) von unter einem Euro pro Tag.

Am stärksten betroffen sind Behinderte, ältere Menschen, Bewohner kleiner oder abgelegener Dörfer und Angehörige nicht serbischer Minderheiten wie der Roma oder der Goranen. Die Dürftigkeit im Kosovo betrifft auch andere Bereiche: Bildung ist unterfinanziert, Schulen werden in drei oder vier Schichten betrieben. Die medizinische Versorgung der Einwohner gehört zu den schlechtesten in Europa.

Perspektiven für den Nationalstaat

Fachpersonal sieht die wirtschaftlichen Aussichten insbesondere in den Sektoren Energie und Bergbau. Uran, Zink, Braunkohle, Magnesit, Blei, Kupfer, Nickel, Silber und Gold sind in Mineralressourcen (Kosovo-Mineralressourcen) enthalten. Die Landwirtschaft ist auch ein potenzieller Wachstumssektor der Weltbank.

EU-Expertisen empfahlen Strukturreformen in der Landwirtschaft, um die Produktivität erheblich zu steigern und zunächst nationale Industrien in den Bereichen Bekleidung, Lebensmittel, Maschinenbau und Möbel zu etablieren. Die Tourismusbranche des Kosovo verfügt ebenfalls über ein großes Wachstumspotenzial.

Die Haupthindernisse sind eine schlechte Infrastruktur, ein Mangel an ausgebildeten Fachkräften, eine ungewisse politische Gesamtsituation, unzureichende oder nicht vorhandene Wirtschaftsreformen durch die lokale Selbstverwaltung.

Herstellung und Verlag:
BoD – Books on Demand, Norderstedt
ISBN: 9783756206124

1. Auflage
Kontakt: Psiana eCom UG/ Berumer Str. 44/ 26844 Jemgum
Covergestaltung: Fenna Larsson
Coverfoto: depositphotos.com